# 立花の歴史

瓶に花を立てることは、古くから行われており、それは神仏に供えたり、暮らしを彩ったりするものでした。

室町時代、幕府おかかえの芸能集団である同朋衆が、中国からの輸入品を部屋に飾る方法を決め、花の立て方も取り決めました。このころのいけばなは「立て花」と呼ばれていて、しん（真・心）と下草《したくさ》で構成されるものでしたが、次第に一枝ごとに願いや思いが込められるようになり、それはやがて役枝へと発展していきます。

江戸時代初期、池坊専好（二代）が後水尾《ごみずのお》天皇に重用され、宮中で立花会が何度も催されました。専好（二代）は指導者として活躍し、このころに立花が様式として成立しました。

以降、代々の家元によって立花は受け継がれ、時代を反映しながら今日に伝えられています。

立花は多くの草木を用いて、一瓶の中に自然の様子を表します。構成の基本としては、真《しん》・副《そえ》・請《うけ》・控枝《ひかえ》・流枝《ながし》・見越《みこし》・正真《しょうしん》・胴《どう》・前置《まえおき》の九つの役枝で整え、そこに陰《いん》・陽《よう》・嶺《れい》・岳《がく》・市《し》・尾《び》・滝《ろう》などの景観を見せます。

# 立花の姿

立花の姿として、直真《すぐしん》・除真《のきじん》・砂《すな》之《の》物《もの》の三つがあります。

直真……一瓶の中心に立つ「真」がまっすぐなもの。

除真……「真」が左右どちらかに曲がりながら、
再び中心へと戻りつつ立ち伸びるもの。

砂之物…背の低い花器に砂を敷き詰めて、そこに
一株、または二株で全体を構成したもの。

時、場所、花材の姿、形に応じて、一番ふさわしい姿を立てます。

直真の立花

砂之物

除真の立花

# 役枝と挿し口

## 役枝のそれぞれの働き

【真《しん》】一瓶の主題となる枝です。真の姿により、他の役枝のバランスも変化します。

【副《そえ》】真に添うように陽方に出て、真を生かし、補います。

【請《うけ》】真と副の力を受けます。

【控枝《ひかえ》】請と調和しながら副下の空間に働きます。

【流枝《ながし》】請と控枝とのバランスを取ります。

【見越《みこし》】遠景を表し、奥行きを出します。

【正真《しょうしん》】一瓶の中心に位置します。真は曲がることがありますが、正真はまっすぐに立てます。

【胴《どう》】左右の役枝を送り出す部分で、胴によって全体が引き締められます。

【前置《まえおき》】全体を下から支えます。水際に一番近い役枝で、扇でいう〝要〟の部分となります。

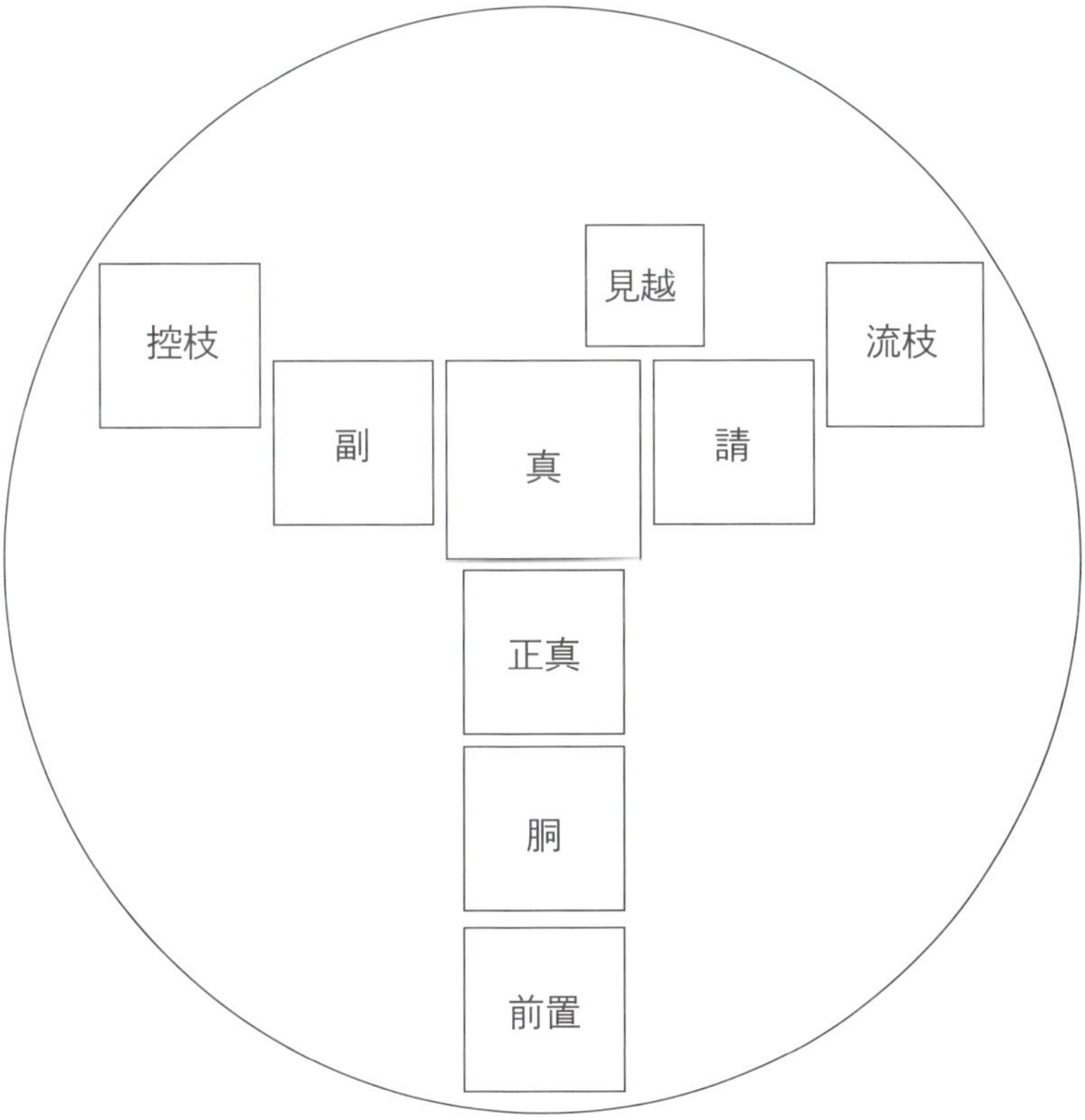


基本の立花（本勝手）の挿し口図

## 基本となる立花（除真・本勝手）の骨法図

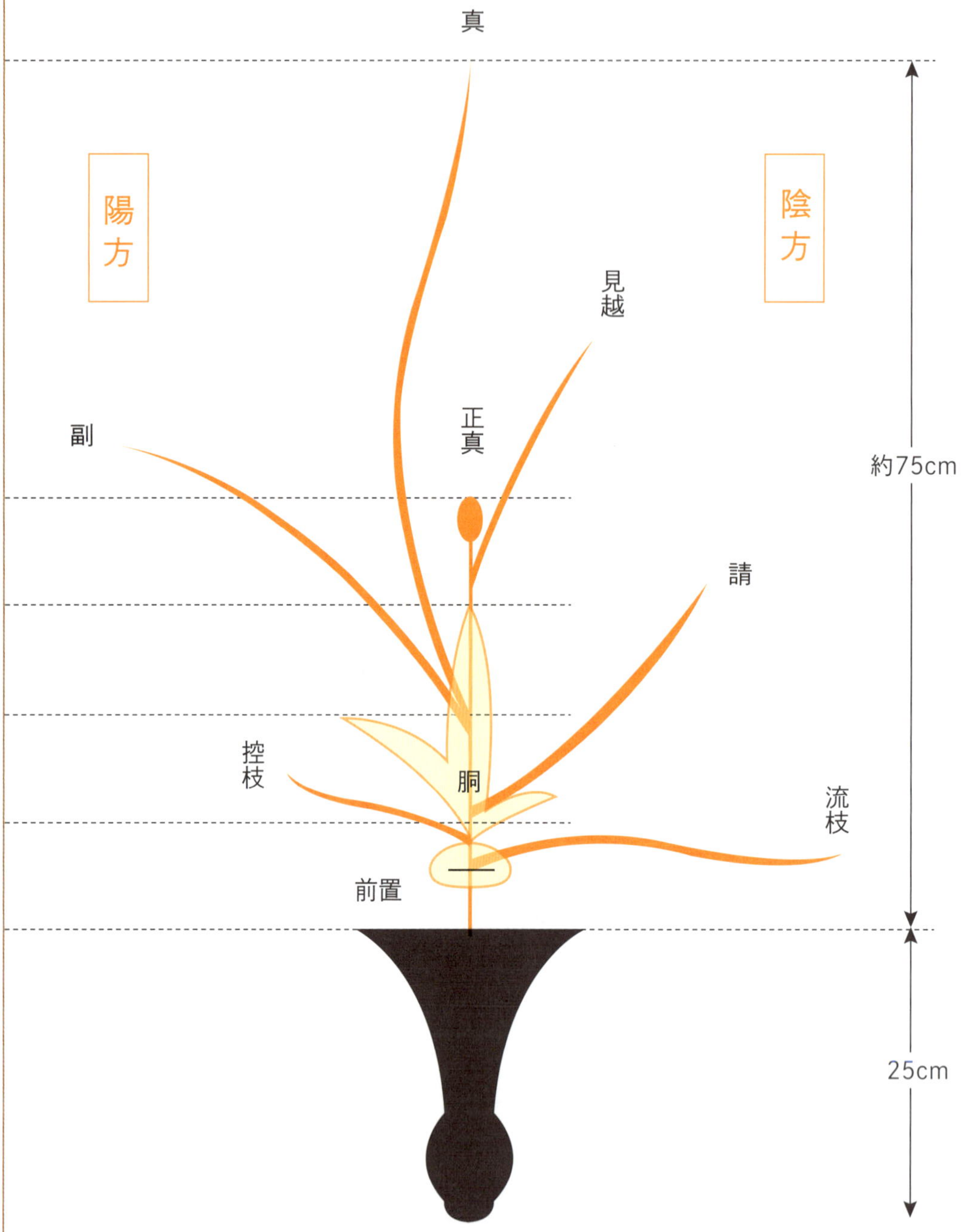


基本骨法図

# あしらいの役割

立花では、役枝の他に力の足りない部分、空間が空き過ぎている場所に適宜あしらいを入れます。あしらいは入れても入れなくてもよいものですが、通常、木留《きどめ》・草留《くさどめ》（陽《よう》留《どめ》・陰留《いんどめ》）・後囲《うしろがこい》は入れます。

あしらいの無いものとあるものを見比べて見ましょう。

あしらいのある方が、空間が充実しています。

あしらいがある場合

あしらいが無い場合

## 大葉

大葉は立花のあしらいの一つで、胴と正真の間に入れられます。通常、直真の立花では必ず用いられ、除真の立花では大葉の使い方が変化したり、省略されたりします。

大葉には木物の葉（びわ、柏、ほお）で構成されるものと、草物の葉（しおん、ひおうぎ、しゃが）で構成されるものがあり、それらを3枚、5枚、7枚と奇数枚で用います。

立花の前後のバランスを考え、後ろ側に入れた方がよい場合（後大葉）もあります。

## 木の縁 草の縁

立花では、木物同士、草物同士が途切れないように続けて立てていきますが、これをそれぞれ木の縁、草の縁といいます。特に草の縁は水の流れを表しており、前置の左右どちらかに入れるあしらいの草留まで続けていきます。

草の縁は草道とも呼ばれ、正真が草物ならばそこから草道を副方、もしくは請方に続け、胴の内側を通って反対側へ向かわせて草留まで下ろすか、いったん胴内に入りながら反対側へ向かわせずにそのまま草留に下ろします。役枝が木物か草物か、さらに草留を前置の左右どちらに置くかによって、草道は決まります。

## 直真の立花

若松を真に用いた直真の立花です。直真の立花は、他の役枝もできるだけ素直な姿を生かして、端正な形に整えます。若松を真に立てる場合は、枝が2段、3段となっているものがよいでしょう。

除真の場合の正真は、真のおよそ1／2の高さが基準となりますが、直真の場合は、正真を少し高く設定すると全体が整って見えます。

花材：松、ひのき、沢みずき、いぶき、つげ、小菊、しゃりんばい、びわ、かきつばた、まさき

| 教授者印 | 要　点 | 花　器 | 素　材 | |
|---|---|---|---|---|
| | | | | 年<br>月<br>日 |

感　想

# 除真の立花
## 本勝手　草物中心

ゆりを真に用いた除真の立花です。請と控枝にもゆりを使い、三カ所遣いとしています。また、見越・副・流枝にはオクロレウカを使うことで、少ない花材でまとまりある姿としています。

立花は自然の景観を表すため、木物、草物の花材を取り合わせて一瓶を整えますが、草物だけを用いて、近景の身近な風景を瓶上に表現することもあります。

花材：ゆり、オクロレウカ、ヘリコニア、メリー、ゴッドセフィアナ、玉しだ、ブルースター、ひおうぎ、ルスクス

| 教授者印 | 要　点 | 花　器 | 素　材 | |
|---|---|---|---|---|
| | | | | 年<br>月<br>日 |

感　想

# 除真の立花　本勝手

真・請・控枝にななかまど、見越・副・流枝にとがを用いた三カ所遣いの立花です。

草の縁は、

正真↓請内↓副下↓草留へと続いています。

木物は草物に比べて幹が硬く撓《た》めにくいので最初は敬遠しがちですが、木物ならではの味わい深い枝ぶりが立花の表現を豊かにします。自由花や生花で培った、撓める技術を活用してください。

花材：ななかまど、けいとう、とが、いぶき、まさき、夏はぜ、なでしこ、松

| 教授者印 | 要　点 | 花　器 | 素　材 | |
|---|---|---|---|---|
| | | | | 年<br>月<br>日 |

感　想

# 除真の立花
## 逆勝手　草物中心

花の向きや曲がりによっては逆勝手にいけた方がよい姿の花材もあります。

また、飾る場所によって逆勝手が望ましい場合もあります。

生花でも経験があるかもしれませんが、普段本勝手の花を稽古していると、逆勝手の場合の役枝のバランス、働く方向などがわからなくなってしまうことがあります。役枝の出所や挿し口をよく確かめながら、一つずつ丁寧に立てていきましょう。

積極的なチャレンジが華道上達への近道です。

花材：グラジオラス、オクロレウカ、とらふアナナス、メリー、レクス・ベゴニア、あざみ、ヒペリクム、ウーリーブッシュ、カラテア、ドラセナ、縞ふとい、マスデバリア

| 教授者印 | 要　点 | 花　器 | 素　材 | |
|---|---|---|---|---|
| | | | | 年<br>月<br>日 |

感　想

## 除真の立花　逆勝手

柳の真は大きく垂《た》れ、なびく姿が特徴です。この大きく働く姿を生かすように他の役枝を配置、構成します。作例では真と請の間の空間が狭いため、見越が省略されています。

広口の花器は水面が多く見えることから、春には水温《ぬる》む情景を、夏には涼しげな景観を表現することができます。

花材：柳、いぶき、オクロレウカ、木蓮、つげ、椿、都忘れ、びわ

| 教授者印 | 要　点 | 花　器 | 素　材 | |
|---|---|---|---|---|
| | | | | 年<br>月<br>日 |

感　想

## 『習物七ヶ條』大遣い

前置を胴にまで昇らせる手法を「昇り胴」、前置を流枝あるいは控枝へと続ける手法を「下段大遣い」といいます。そして、前置を胴に昇らせ、かつ流枝あるいは控枝へと続けることを「大遣い」といいます。

胴と前置に同じ花材が続き、同様の質感、色が並ぶので、胴と前置の間に色切《いろぎり》というあしらいを入れることが一般的です。

前置を流枝あるいは控枝に続ける手法は、次の「下段大遣い」で解説します。

花材：南天、水仙、ひのき、柳、つげ、椿、小菊、松、びわ、まさき

| 教授者印 | 要　点 | 花　器 | 素　材 | |
| --- | --- | --- | --- | --- |
| | | | | 年　月　日 |

感　想

## 『習物七ヶ條』下段大遣い

前置を流枝あるいは控枝へと続ける手法です。このとき、前置と流枝（控枝）の縁が切れないようにするため、流枝（控枝）の挿し口を前置に近づけ、さらに縁つなぎの枝を入れます。

そして、下段大遣いを行った方の留の挿し口は、前に移動した流枝（控枝）の挿し口の後ろへと移します。これもまた、下段大遣いを行った花材同士の縁を切らないようにする工夫です。

挿し口図の図解は次の通りです。

**下段大遣いの挿し口**

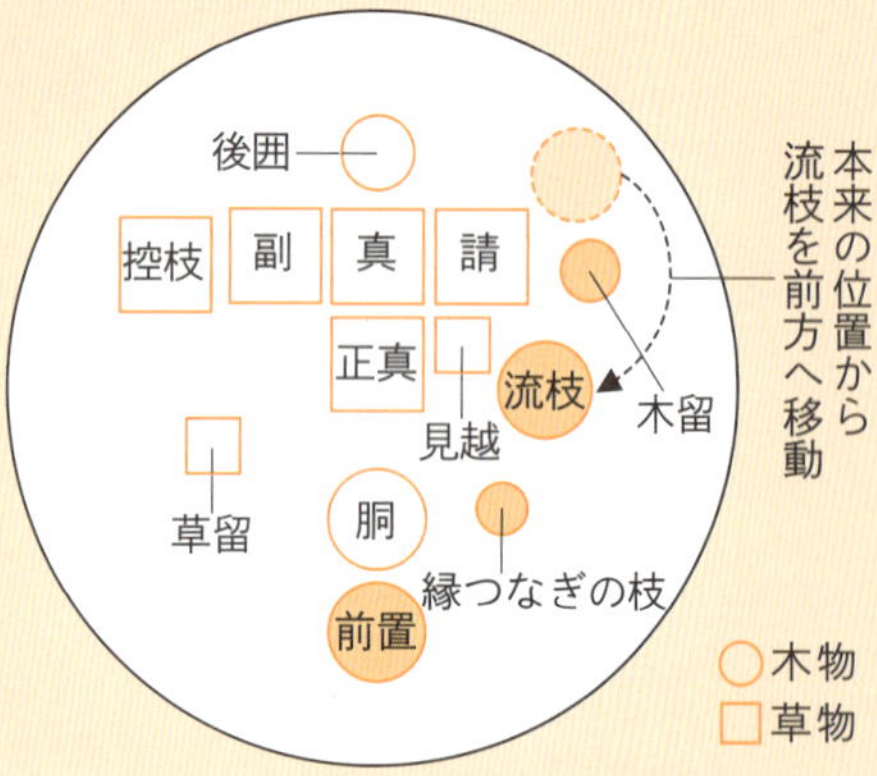


下の作品の主な挿し口

花材：ゆり、縞ふとい、かきつばた、夏はぜ、いぶき、なでしこ、玉しだ、松、オクロレウカ、ひのき、ひおうぎ

| 教授者印 | 要　点 | 花　器 | 素　材 | |
|---|---|---|---|---|
| | | | | 年　月　日 |

感　想

## 『習物七ヶ條』
## 請上り内見越

真の出所が通常よりも低い場所から出て、請の出所と近づくことでバランスが取りづらくなる場合、請の出所を上げて「請上り」とします。

しかし、今度は請が上がることで見越の入る場所が無くなるので、見越の挿し口を通常の反対側に移し、真と正真の間から見せます。

この手法を「請上り内見越」といいます。また、請の出所が上がることから「高請」と呼ばれることもあります。

花材：ヤシ、こでまり、スチールグラス、宿根スイートピー、ヘリコニア、メリー、コプロスマ、ホワイトスター、玉しだ、ウーリーブッシュ、オクロレウカ

| 教授者印 | 要　点 | 花　器 | 素　材 | 年<br>月<br>日 |
| --- | --- | --- | --- | --- |
| | | | | |

感　想

## 『習物七ヶ條』
## 大内見越

「大内見越」は「請上り内見越」とよく似ていますが、見越の扱いが異なり、真と正真の間から出た見越が大きく正真を超えて通常の見越の位置にまで働きます。従って「請上り内見越」のときのように請を高くすることはできません。

「大内見越」に使われる花材としては、山吹、つるうめもどき、こでまり、藤、れんぎょうなどが挙げられます。いずれも垂れる姿、なびく姿の美しい花材です。

花材：オクロレウカ、縞ふとい、山吹、ヘリコニア、カラー、鳴子ゆり、ひおうぎ、玉しだ、なでしこ、メリー、宿根スイートピー

| 教授者印 | 要　点 | 花　器 | 素　材 | 年 月 日 |
| --- | --- | --- | --- | --- |
| | | | | |

感　想

## 『習物七ヶ條』水仙なげ葉・二枚大葉

「水仙なげ葉」は、控枝の力が不足しているときに水仙を添える手法です。また、水仙だけで控枝とすることもあります。水仙はまっすぐ立つものなので、通常は正真や胴内に使われますが、霜が降りるころには、水仙が倒れながらも懸命に生きる様子が見られます。「水仙なげ葉」ではその健気な姿を見せます。

大葉は通常、前に3枚（前大葉）または後ろに3枚（後大葉）を使います。「二枚大葉」は後《うしろ》大葉を2枚に省略して使う手法です。用いる場所は見越下と副下に1枚ずつ、または片方に2枚用いますが、上下のバランスによって使う場所は変化することがあります。

花材：柳、水仙、梅、松、椿、小菊、びわ、いぶき

| 教授者印 | 要　点 | 花　器 | 素　材 | |
|---|---|---|---|---|
| | | | | 年<br>月<br>日 |

感　想

## 『習物七ヶ條』
## 藤かけ松

藤を真にした立花ですが、藤は蔓物で自立しにくいため、松に藤を巻き付けて姿を整えます。あくまでも藤が主体なので、松が真に見えないようにします。

藤の巻き方には伝承があり、紫藤は右巻き、白藤は左巻きとされています。

藤は水揚げが難しい上、松とのバランスも考える必要があるため、相当の技量が必要となります。

花材：藤、松、いぶき、つげ、まさき、いぼた、つつじ、かきつばた、鳴子ゆり、都忘れ、びわ、ひのき

| 教授者印 | 要　点 | 花　器 | 素　材 | 年<br>月<br>日 |
| --- | --- | --- | --- | --- |
| | | | | |

感　想

## 『習物七ヶ條』

## 薄《すすき》一葉

「薄一葉」は副または見越に用いた花材が弱い場合、すすきの葉を1枚だけ添えて力を補う手法です。このとき、すすきは見越に用いた花材の仮葉として使うため2枚にはしません。2枚になるとすすきに陰陽が生じ、仮葉ではなく「すすき」として働いてしまうことになるからです。

「薄一葉」の活用として、今日では外来種の花にオクロレウカを仮葉とすることなどが考えられます。

花材：ななかまど、ききょう、ひのき、ひおうぎ、いぶき、つげ、まさき、なでしこ、夏椿、松、縞すすき

| 教授者印 | 要　点 | 花　器 | 素　材 | |
|---|---|---|---|---|
| | | | | 年<br>月<br>日 |

感　想

## 『習物七ヶ條』谷草

「谷草」は草道を左右どちらにも下ろすことができない場合に、やむを得ず行う手法です。従って伝書にも「好んで挿す事にはあらず」とあります。

「谷草」を行う例としては、胴と請が木物の同一花材かつ前置と控枝が木物の同一花材の場合、または胴と控枝が木物の同一花材かつ前置と流枝が木物の同一花材の場合、木の縁を切らないようにしようと思うと、草道が下ろせなくなります。

そこで、下段大遣いを行って挿し口を前方に移動させた控枝もしくは流枝の後ろに草留を置き、さらにその後ろに木物を入れることで、それより後ろは木の縁が続く場所であることを示します。

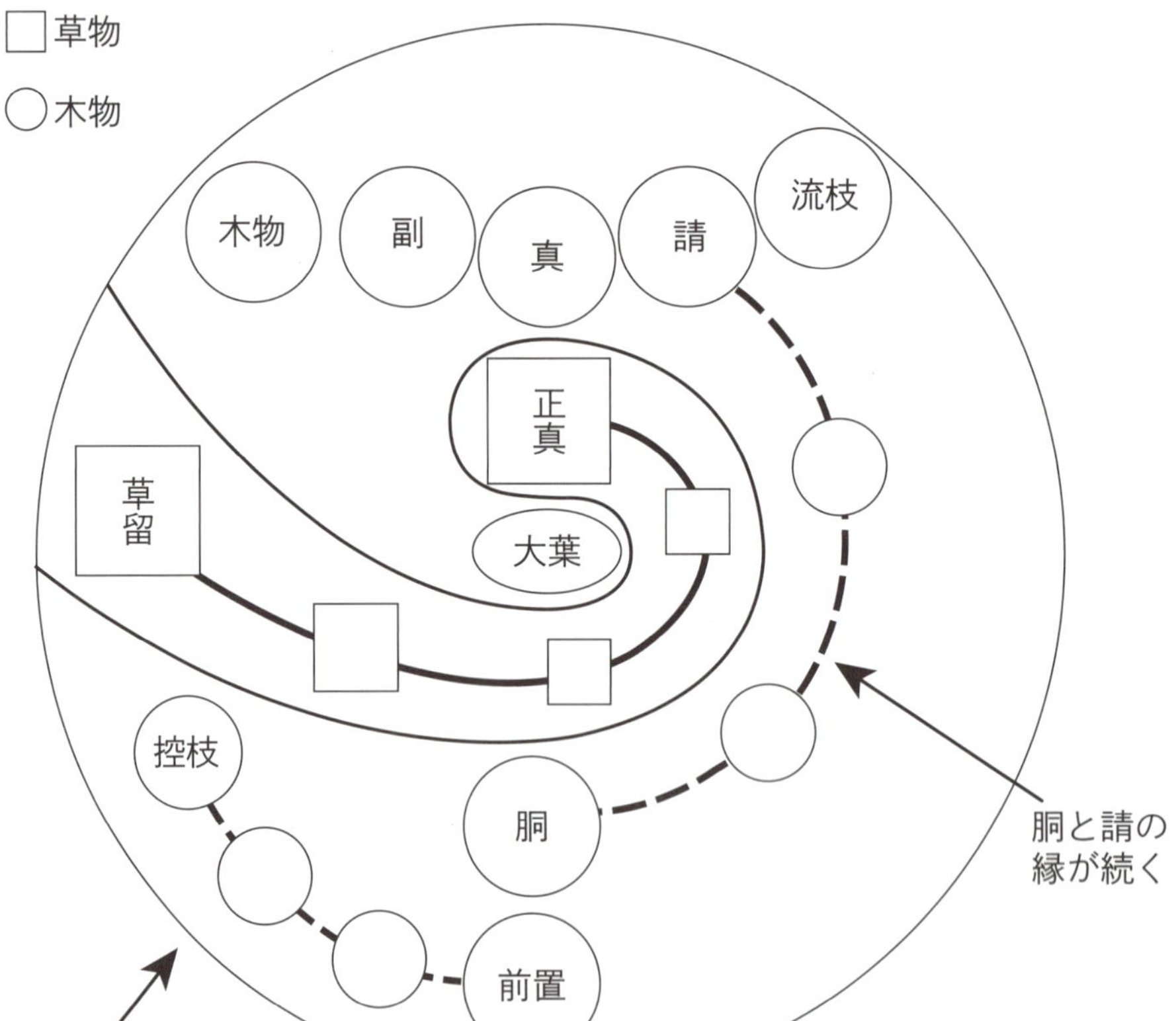


谷草の挿し口図（例）